ÉPILOGUE.

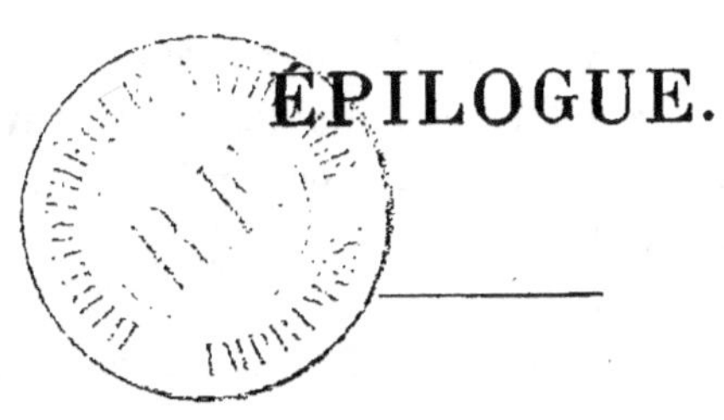

En même temps que j'adressais à quelques prêtres la *Communication à mes amis*, je l'adressais aussi à MM. Caysac et Puel.

Saint Paul qui a publié, dans son épître aux Galates, qu'il résista en face, devant toute l'assemblée, à saint Pierre, parce que celui-ci était répréhensible, veut que nous mettions toujours de la raison, du discernement dans notre soumission ; aussi, je n'ai jamais cru que le respect que nous devons aux hommes qui exercent l'autorité, ne permette pas de faire entre eux de très-grandes différences. J'accompagnai donc mon envoi à MM. les grands-vicaires de deux lettres un peu différentes ; j'écrivis ainsi brièvement à M. Puel : « Quoique mon Mémoire soit intitulé *Communication à mes amis*, je vous l'envoie parce qu'il y est souvent question de vous. »

Quant à M. Caysac, je lui disais : « J'ai l'honneur de vous envoyer mon Mémoire, j'y fais souvent intervenir votre nom, toujours avec le plus grand respect, je l'espère. S'il en était autrement, ma plume aurait tout à fait trahi mon cœur. Il est intitulé *Communication à mes amis;* je crois que je dois vous l'envoyer même à ce titre. Vous avez toujours mis, dans les affaires délicates que j'ai eu à raconter, une politesse et une bienveillance dont je vous suis tout reconnaissant, et vous étiez l'ami de mon frère. »

Quelques jours après cet envoi, M. le secrétaire général de l'archevêché m'écrivait : « Monseigneur l'archevêque vous prie de lui présenter le *Celebret* qui a dû vous être délivré par votre ordinaire.

» En attendant, Sa Grandeur a fait prévenir MM. les curés et aumôniers d'Albi qu'ils ne pourraient vous autoriser à dire la messe dans leur église que sur la présentation de ce *Celebret* visé par l'administration diocésaine actuelle. »

Il était inutile, assurément, de faire prévenir MM. les curés et les aumôniers d'Albi qui, ne pouvant pas se tenir toute la matinée dans leur sacristie, auront dû prévenir leurs sacristains.

Le lendemain, un vendredi, je me rendis à l'archevêché, à l'heure où Mgr Ramadié reçoit; il était parti le matin; je pus enfin le voir, le samedi 24 février, dix jours après l'avis qu'il m'avait donné.

Je lui présentai une lettre qui prouve qu'il n'avait pas à me demander un *Celebret* dans son diocèse; feu M. Vergnes, grand-vicaire, m'écrivait, le 22 février 1869 : « Monseigneur vous remercie de vouloir bien demeurer au secours de votre vénérable frère, il vous accorde les mêmes pouvoirs qu'à ce cher frère. » — *A M. l'abbé Marty, vicaire de Convers.*

Monseigneur Ramadié me répondit : Il me faut un *Celebret.*

J'avais encore quelque chose de plus concluant que la lettre de M. Vergnes, c'est l'*Ordo* de cette année, publié par l'ordre et sous la signature de Mgr Ramadié, où je suis inscrit dans l'*Etat* des prêtres du 'diocèse d'Albi. — Toujours même réponse : il me faut un *Celebret.*

Je présentai alors à Sa Grandeur une pièce qui, assurément, a plus de valeur que le *Celebret* qu'elle me demandait : c'est une lettre que, quelques jours après mon départ d'Alger, Mgr Lavigerie m'écrivait, au sujet d'une mission qu'il m'avait donnée ; cette lettre commence par ces mots : *Mon cher chanoine,* et se termine par ceux-ci : *Merci, mille fois, de nouveau, de votre charitable concours, et croyez à mes sentiments les plus dévoués d'estime et d'affection.* — Toujours même réponse : il me faut un *Celebret ;* avec cette addition, cette fois : Et quand vous le présenterez, j'en ferai ce qu'il me plaira.

Je n'ai aucun goût à continuer, en tête à tête, une discussion où l'on ne m'oppose que le *stat pro ratione voluntas.* Je me levai, saluai très-respectueusement Monseigneur et lui dis : Je vous adresserai par écrit les observations que j'ai à faire sur la mesure que vous avez prise contre moi, puisque vous ne voulez pas les entendre de vive voix.

Il me semble qu'après ce court entretien, Mgr Ramadié devait me laisser sortir en me saluant froidement, tout au plus en ne me saluant pas du tout. Mais non, lorsque je fus debout, il se leva aussi et s'échappa en paroles que je regrette vivement pour lui.

Le lendemain, j'adressai à Sa Grandeur la lettre suivante, après avoir écouté les conseils que porte la nuit. Seulement, les conseils que porte la nuit, je le dis avec insistance, je tiens beaucoup à épargner aux hommes du pouvoir la tentation de s'en prendre à d'autres qu'à moi de ce que je fais. Je suis résolu à m'imposer toutes sortes de réserves, toutes sortes de sacrifices pour éviter les inconvénients auxquels je fais allusion, et je remercie Dieu, en ce moment, d'une manière toute particulière, de m'avoir donné le goût d'une vie de méditation, d'étude, de solitude. La liste de mes amis ne sera pas une liste d'avancement.

Je dois déclarer que le titre mis en tête de mon Mémoire n'est plus exact.

Mgr Ramadié m'oblige à envoyer *ma défense* plus qu'à mes amis, il a voulu la publicité pour la mesure qu'il a prise contre moi, même avant de m'avoir vu, quoiqu'il m'eût appelé chez lui. La manière dont il m'a reçu prouve qu'il repoussait d'avance l'idée de toute espèce d'accommodement ; mais alors, pourquoi rendre notre entretien nécessaire ?

Je désire, sans doute, obtenir des approbations dans le clergé, mais il faut qu'elles restent secrètes. J'ai la conviction que j'exerce un droit qu'il ne faut pas laisser contester, le droit de la défense, et que je rends service à mes confrères. Des désapprobations bruyantes, même en devenant générales, n'ébranleraient pas ma conviction ; elles ne feraient que me donner raison encore plus, et rappelleraient le mot fameux échappé à un cardinal dans l'ancien Sénat : Notre clergé est un régiment.

J'écrivis donc à Sa Grandeur la lettre suivante : « Monseigneur, je suis né dans le diocèse d'Albi ; quand j'ai eu ma retraite d'aumônier de Lycée, je me suis retiré tout naturellement dans mon pays natal où j'ai tous mes parents. Il y a de cela huit ans. Mgr Lyonnet m'a souvent invité à prêcher dans sa cathédrale, il ma donné un titre paroissial dans son diocèse. Vous m'avez inscrit dans l'état de votre clergé, et aujourd'hui vous me demandez *le Celebret qui a dû m'être délivré par mon ordinaire, et vous prévenez MM. les curés et les aumôniers qu'ils ne pourraient m'autoriser à dire la messe dans leur église, que sur la présentation de ce Celebret visé par l'administration diocésaine actuelle ??*

» Votre demande est étrange à tous les points de vue ; on ne garde pas un *Celebret* pendant huit ans, il ne vaudrait rien, étant si vieux.

» Ce n'est pas mon *ordinaire,* dont je suis éloigné depuis de longues années, qui peut me donner des lettres testimoniales, c'est l'évêque dans le diocèse duquel je suis fixé. Quand j'avais besoin d'un *Celebret ,* je le demandais à Mgr Lyonnet et il me le donnait. M. votre secrétaire général pourra vous montrer, dans ses registres, que je lui en ai payé au moins deux.

» Il est insoutenable qu'après que j'ai vécu, en les conditions que je viens de rappeler, pendant huit ans, dans votre diocèse, vous puissiez m'empêcher d'y dire la messe en exigeant un *Celebret* délivré par mon *ordinaire* et visé par vous ; il vous faudrait faire dire par un jugement que j'ai commis quelque faute qui mérite l'interdit.

» Le serviteur de l'archevêché qui me portait la lettre que vous m'avez fait écrire, ne me trouva pas chez moi ; il fit à ma servante une foule de questions comme celles-ci : Quel est ce prêtre? d'où vient-il? pourquoi est-il venu ici? il ne restera pas longtemps? Pour me garder contre les insinuations qui circulent dans votre palais, et se répandent au dehors, j'ai des lettres de tous les évêques avec qui j'ai travaillé, dans lesquelles ils me témoignent de l'estime et de l'affection ; vous avez pu en lire une, hier, de Mgr Lavigerie, peut-être en avez-vons lu une autre de Mgr Pavy, en tête d'un ouvrage que j'ai eu l'honneur de vous offrir. Je me suis toujours efforcé de mériter l'estime et l'affection de mes supérieurs ecclésiastiques et j'avais coutume de répéter qu'ils m'avaient, tous, accordé plus que je ne méritais.

» Le motif de la mesure que vous avez prise contre moi sera évident aux prêtres à qui j'ai envoyé la *Communication à mes amis,* et à toutes les personnes auxquelles vous me forcez de l'envoyer. Heureusement ! S'il n'en était pas ainsi, combien de gens, sans plus d'examen, s'en iraient, répétant : Il faut que M. l'abbé Marty ait commis quelque bien grande faute, puisque l'archevêque l'empêche de dire la messe. Tels ont dû être les discours de tous ceux qui ont eu connaissance de la circulaire que vous avez adressée, à mon sujet, à MM. les curés et les aumôniers d'Albi.

» Vous avez, Monseigneur, vous et tous les évêques de France, un pouvoir effrayant; non-seulement le pain quotidien du prêtre dépend d'un acte de votre volonté, mais encore sa réputation. Toutefois, l'expérience que j'ai me fait un devoir d'ajouter que le mal n'est pas aussi grand qu'il paraît, parce qu'il y a peu d'évêques qui n'aient pas la conscience de l'énorme responsabilité qu'entraînent leurs actes de sévérité contre un prêtre, et qui n'épuisent pas les ressources de la charité avant de recourir aux ressources du pouvoir.

» La demande que vous me faites d'un *Celebret* n'est qu'un prétexte et pas le moins du monde spécieux. Est-ce que vous n'aimez pas la franchise en toutes choses? Pourquoi ne m'avez-vous pas dit : « Votre publication est une faute que je dois punir; en conséquence, je vous interdis la célébration de la messe dans mon diocèse » ? Vous l'auriez fait, sans aucun doute, si ma publication avait mérité de votre part un reproche avouable. Il vous aurait fallu m'y montrer quelque phrase qui soit répréhensible, non pas aux yeux d'un amour-propre froissé, mais aux yeux de la morale ou de la foi. Je l'aurais réprouvée aussitôt.

» Ce qu'on me reproche le plus, d'après tout ce qui m'a été rapporté, c'est d'avoir écrit (pages 9 et 34) que M. Puel est un grand-vicaire *incapable, inexpérimenté*. J'ai cité des faits et des pièces authentiques, ceux à qui je m'adressais ont pu être juges des conclusions que j'en tirais. Combien j'ai désiré que M. Puel voulût agir de cette sorte à mon égard, ou qu'on l'y forçât !

» Lorsque je suis venu vous prier, vous supplier de juger entre M. Puel et moi, vous m'avez répondu que vous ne vouliez pas juger des actes antérieurs à votre administration.

» M. Puel m'a écrit une lettre des plus injurieuses ; il a provoqué contre moi un interdit de nature à nuire à ma réputation ; il a rendu public cet interdit, contre la volonté de ses collègues qui ont déclaré cela regrettable. J'ai eu recours à la *Communication à mes amis*, n'ayant pas d'autre moyen de suivre la recommandation que saint Paul nous a faite par ces mots : *curam habe de bono nomine;* Ai-je eu tort ? J'ai la confiance que, devant la question ainsi posée, personne n'osera répondre que oui. Quoi ! M. Puel aurait pu m'accuser et me répondre, quand je lui ai demandé les preuves de son accusation : « Je prie Dieu d'éclairer M. l'abbé Marty et de redresser sa conscience », et j'aurais dû m'en taire, même avec amis ! Ce serait le respect que le prêtre devrait à ses supérieurs, même de second ordre ? Ne serait-ce pas plutôt une servitude dégradante ? Ne serait-ce pas la négation du droit de la défense et de la défense la plus restreinte ?

» Ce qui me paraît certain, Monseigneur, c'est que, n'ayant pas voulu être juge dans cette affaire, vous deviez y rester étranger. Je n'ai discuté que des faits antérieurs à votre administration et je suis tout disposé à déclarer, aussi publiquement que vous voudrez, que M. Puel, devenu votre grand-vicaire, a pu devenir un homme poli et réservé dans ses paroles, ses écrits et ses actes.

» Mais je vous ai offensé personnellement, m'a-t-on dit, en rappelant le souvenir de l'opposition que le clergé d'Albi a faite à votre préconisation. J'ai pourtant rappelé ce souvenir avec des ménagements dont il me semble que vous devriez me savoir gré; je n'ai rien rapporté de ce qu'on disait de vous.

» Vous n'auriez pas voulu non plus que je fisse savoir que vous m'aviez conseillé de vous demander, par écrit, les pouvoirs de confesser et de prêcher, sans dire un mot de ce qui s'était passé. — Les motifs qui vous ont fait agir, en cette circonstance, comme vous avez agi, échappent à tout le monde, mais tout le monde comprend que vous ne deviez pas exiger, que vous ne pouviez pas espérer que je ne fisse pas connaître à mes amis comment je m'étais attiré le refus que m'apporta la lettre de M. Dougados. Si je vous avais écrit, comme je l'ai fait, sans m'en être auparavant entendu avec vons, j'aurais commis d'abord une bêtise et ensuite une tentative d'obtenir, en quelque sorte subrepticement, les pouvoirs que je vous demandais.

» Non, je ne pouvais pas ne pas faire connaître le conseil que vous m'avez donné; je vous demanderais avec confiance ce que vous auriez fait à ma place, si Votre Grandeur pouvait un instant se mettre à ma place.

» Le moyen détourné auquel vous avez eu recours pour me frapper tranquillise tout à fait ma conscience. Je crois toujours très fermement que j'avais le droit et même que c'était pour moi un devoir, de faire connaître à mes amis pourquoi MM. les vicaires capitulaires m'avaient enlevé les pouvoirs de prêcher et de confesser.

» Je crois aussi très-fermement que la manière dont M. Puel m'avait attaqué m'imposait la manière dont je me suis défendu. Puisque l'Esprit Saint nous a dit: *Irasci-mini et nolite peccare,* nous devons quelquefois montrer notre indignation. Je ne songeais pas seulement à mon frère et à moi, je songeais à d'autres prêtres que M. Puel a traités de la même façon.

» Vous avez sévi contre la *Communication à mes amis* et vous avez conservé votre confiance à M. Puel. Vous voulez donc qu'on croie que vous autorisez vos grands-vicaires à écrire à vos curés des lettres comme celles que M. Puel nous a écrites, à mon frère et à moi, contre lesquelles j'ai voulu obtenir justice. Cela ne fera pas plaisir à votre clergé, vous ne pouvez pas en douter, mais vous pouvez penser que cela lui fera peur, et étouffera les réclamations ennuyeuses contre votre administration.

» J'ai l'honneur d'être, Monseigneur.

» P.-S. — Ma lettre est destinée à la publicité. »

J'ai su plus tard que Mgr Ramadié a cru que l'honneur de tous les évêques était atteint par ce que j'ai dit des erreurs et autres fautes qui peuvent se commettre et se commettent quelquefois dans les administrations ecclésiastiques. J'ai eu le bonheur de vivre avec quelques évêques, hommes d'esprit, qui auraient joliment mal mené la prétention de faire croire qu'ils étaient infaillibles et impeccables.

Je ne puis pas nier, puisque des personnes dignes de foi me l'assurent, que mes propositions, sur ce sujet, ne soient malsonnantes aux oreilles de Mgr Ramadié, mais je reste convaincu qu'elles ne méritent pas d'être marquées d'une autre mauvaise note. Il serait difficile de trouver un prêtre qui ne pense pas et n'ait pas dit souvent de vive voix ce que j'ai dit par la presse. J'ai l'avantage, sur les autres, que ma manière de le dire peut produire quelques bons effets.

Dans la lettre qui précède, je me suis contenté d'affirmer qu'il n'est pas soutenable qu'après que j'ai vécu huit ans, comme je l'ai fait, dans son diocèse, Mgr Ramadié puisse m'empêcher d'y dire la messe en exigeant un *Celebret* visé par lui. Je croyais que je n'avais pas besoin de le prouver, il paraît que je me trompais.

Je n'ai pas à aller chercher la preuve bien loin, je la trouve dans la lettre que M. Dougados m'a écrite, au nom de l'administration diocésaine actuelle. Pourquoi M. Dougados m'y dit-il que les pouvoirs de prêcher et de confesser sont *essentiellement gracieux?* C'est pour justifier l'administration qui me les a enlevés sans aucune forme de procès. Mais le pouvoir de consacrer le corps et le sang de Jésus-Christ n'est pas du tout *gracieux,* il faut donc un jugement pour me l'enlever. C'est un pouvoir *essentiellement d'ordre,* il est donné, sans restriction aucune, par le sacrement et pour tous les lieux. Un évêque ne peut empêcher un prêtre de l'exercer que si le prêtre est interdit ou légitimement soupçonné de l'être.

Le concile de Trente veut qu'*aucun clerc ne soit admis à célébrer la messe sans lettres de recommandation de son ordinaire.* Pourquoi? Afin qu'on ne soit pas exposé à laisser célébrer la messe par un clerc interdit. Les canons n'autorisent pas l'évêque, à qui ces lettres de recommandation sont présentées, *d'en faire ce qu'il lui plaît;* ils ne lui donnent que le droit de les *vérifier.*

Eh bien, me dit Mgr Ramadié, commencez par me présenter ces lettres. — Ma réponse est facile; je les lui ai présentées. Je les lui ai présentées en la personne de son prédécesseur qu'il continue, avec qui il ne fait en ceci qu'une personne morale. Il me trouve en possession de l'autorisation de dire la messe, et il n'a pas le droit de soupçonner que cette autorisation m'ait été donnée en contravention des prescriptions du concile de Trente. Il a donc la certitude que je n'étais pas interdit lorsque je suis venu me fixer dans son diocèse et que je ne l'ai pas été depuis ; par conséquent il ne peut pas légitimement m'empêcher d'y dire la messe.

Voici comment se termine l'art. *Interdit* dans le dictionnaire de droit canon publié par M. l'abbé Migne. — M. Migne, qui voulait que ses publications eussent du succès dans le clergé, n'y laissait rien qui pût être suspect aux évêques. —

« Si un ecclésiastique sorti de son diocèse est fixé dans un autre, sans aucune réclamation de son propre évêque ; si, sans se livrer aux fonctions du saint ministère, il vit dans des occupations honorables et d'une manière décente ; s'il ne célèbre que pour sa propre édification et pour l'édification publique, alors il n'a pas besoin d'une permission expresse pour exercer une fonction qui dérive nécessairement de son caractère sacerdotal ; le pouvoir qu'il en a reçu n'est lié par aucune loi et il lui suffit de l'agrément du curé, qui ne peut pas même le lui refuser sans des raisons légitimes.

» Nous ne sommes plus dans ces temps où l'ordination et le titre n'étaient pas séparés, dans ces temps où la stabilité dans une église était la suite de l'ordre. Les anciens canons rendus à ce sujet ne peuvent donc plus avoir d'application ; ceux qui leur ont succédé n'ont en vue que les prêtres vagabonds, et ceux dont nous parlons ici ne peuvent être rangés dans cette classe. »

Je ne remplis pas seulement les conditions demandées ci-dessus ; la permission de célébrer que le canoniste déclare ne pas être nécessaire, l'administration diocésaine d'Albi me l'a donnée.

Mgr Ramadié n'a donc pas fait, comme on l'a cru d'abord généralement, seulement contre moi un acte de ce *summum jus* qui est une *summa injuria* ; il a tout à fait dépassé son droit. Pour apprécier la gravité de son acte arbitraire et anticanonique, vous n'avez qu'à lire, dans

l'Imitation de Jésus-Christ, le chapitre V du livre IV :
« Lorsque le prêtre célèbre la messe, il honore Dieu, il
réjouit les anges, il édifie l'Église, il secourt les vivants, il
donne le repos aux morts et se rend lui-même participant
de toutes sortes de biens. »

Va-t-on crier au scandale, parce que je proteste contre
cette faute épiscopale, dont je suis victime? Le scandale
serait à laisser croire que l'Eglise n'a pas su faire les lois
qui sont nécessaires vu les faiblesses et les défauts de la
nature humaine. On lui reproche d'être une association
de servitude ; ce reproche lui aliène beaucoup d'âmes géné-
reuses, efforçons-nous de montrer qu'il n'est pas fondé.

La vérité est que, dans sa constitution canonique,
l'Eglise est le modèle des sociétés où l'homme dépend
seulement de la loi et non pas d'un individu, où par conséquent l'homme peut, sans avoir trop à craindre, se
conserver digne et fier.

Un des auteurs les plus graves et les plus autorisés de
nos jours, M. de Tocqueville, dans son livre sur l'*Ancien
régime et la Révolution*, a écrit, page 166 : « L'Eglise de
France conservait jusqu'au bout ses assemblées périodi-
ques. Dans son sein, le pouvoir ecclésiastique lui-même
avait des limites respectées ; le bas clergé y possédait des
garanties sérieuses contre la tyrannie de ses supérieurs
et n'était pas préparé, par l'arbitraire illimité de l'évêque,
à l'obéissance passive vis-à-vis du prince. Je n'entre-
prends pas de juger cette ancienne constitution de l'Eglise,
je dis seulement qu'elle ne préparait pas l'âme des prêtres à la servilité politique. »

Rien n'est plus naturel que les sympathies confiantes
de Mgr Ramadié pour la dynastie despotique des Napoléon qui a constitué l'Eglise de France comme elle l'est.
Aussi j'ai été peu étonné de ce qu'il nous a dit dans un
mandement, *qu'il éprouve des angoisses depuis un peu plus*

de six ans, — depuis la chute de Napoléon III, — *qu'il trouve l'horizon noir et le vent tourné aux tempêtes.*

Mais l'autorité de Mgr Ramadié ne doit pas beaucoup troubler les esprits dans ces matières, si on s'en tient aux bruits qui ont couru sur ce qui lui est arrivé, une première fois, lorsqu'il a été nommé évêque par le pouvoir civil, une seconde fois, lorsqu'il a été nommé archevêque.

Il est arrivé que de malheureux prêtres ont été jetés hors de leur voie par les procédés de leurs supérieurs. Je prie mes amis de ne rien craindre pour moi de semblable. J'ai toujours proclamé, aussi haut que j'ai pu, que la foi aux vérités que Jésus-Christ a enseignées et que l'Eglise a la mission de conserver ne doit pas dépendre de la conduite des hommes. Pourquoi, à cause de ce qui m'arrive, serais-je moins fidèle à mes devoirs envers mon doux maître du Ciel ? Il me semble qu'il s'est rapproché davantage de mon cœur et m'a dit avec plus d'intimité que *ceux à qui on jette la pierre sont plus heureux que ceux à qui on jette des fleurs.*

Un jour, j'étais jeune encore dans le sacerdoce, j'eus le spectacle d'un prêtre traité, par son évêque, sans ménagements ; j'en fus indigné, parce que la foi catholique que Dieu a mise dans mon âme me fait vivement sentir que, si on doit beaucoup de respect à l'évêque qui, dans un palais, exerce un grand pouvoir, on en doit *presque* autant au prêtre pauvre, qui consacre le corps et le sang de Notre Seigneur Jésus-Christ dans l'église du plus humble village. Je fis cette prière : « Mon Dieu, préservez-moi de pareille chose, mais si jamais pareille chose m'arrivait, je croirais que vous m'imposez le devoir de protester publiquement dans l'intérêt de tous. » Je crois donc accomplir un devoir et d'autant plus fermement que je sens bien que je n'ai au cœur aucune haine contre personne.

Les quelques amis à qui j'ai parlé de mes intentions m'ont tous dit, sans exception aucune : Prenez-y garde, l'archevêque vous causera du désagrément, il vous empêchera de dire la messe. Je leur ai répondu : « Je m'y attends et je m'y résigne ; j'en souffrirai, mais la vérité que je crois utile de faire connaître en deviendra plus évidente : à savoir que l'existence tout entière du prêtre en France est trop à la merci de l'évêque. »

Personne n'ignore combien Notre Saint-Père désire que cet état de choses soit changé, personne au moins de ceux qui ont vécu quelque temps à Rome.

On m'a parlé beaucoup de la fable du pot de fer et du pot de terre ; mais je crois qn'il est bon que le faible se fasse briser par le fort, non pas en cherchant à lier société avec lui, mais en lui résistant pour la justice. Quoiqu'on m'accuse de ne pas être un homme d'*ancien régime*, j'aime beaucoup cette vieille maxime : *Fais ce que dois, advienne que pourra.*

On a invoqué les droits de l'amitié, ce sont les considérations auxquelles il m'en a le plus coûté de résister ; mais, si nous devons faire à l'amitié le sacrifice de notre sang et de notre bourse, nous ne pouvons pas lui faire celui de notre dignité ou de nos convictions.

Ce qui m'afflige le plus, dans les nécessités où l'on m'a placé, c'est la peine que je dois causer à des personnes d'un caractère timoré, auxquelles on remplit les oreilles des mots mal compris de *scandale* et de *respect dû à l'autorité*. Me rappelant ce que j'ai appris dans les livres saints et dans les livres des hommes les plus autorisés de l'Eglise, et ne croyant pas à la différence des temps qu'on invoque à tort et à travers, je crois pouvoir assurer que nous ne manquons pas à ce que nous devons à MM. les grands-vicaires et à Mgr l'archevêque, en leur disant quelques vérités, même un peu haut, quand il y a nécessité ; c'est en leur faisant des compliments à tous propos, qu'on manque à ce qu'on leur doit, car l'homme devant qui on brûle continuellement de l'encens, et auquel nous ne pouvons pas contredire, sans qu'aussitôt, dans son entourage, on ne crie au scandale, est fort exposé à ne plus se croire soumis aux lois humaines.

Au temps où l'Eglise faisait de brillantes conquêtes, l'esprit de liberté animait tous ses membres ; de nos jours on s'efforce de faire triompher, dans son sein, en France, le principe du pouvoir absolu et de la soumission aveugle et silencieuse ; pour apprécier les résultats, vous n'avez qu'à compter les hommes qui, cette année, feront la communion pascale à Albi, après la retraite que doit prêcher pour eux Mgr Ramadié, dont on vous vante toutes les semaines l'éloquence d'une *puissance incomparable et d'une action irrésistible qui entraîne les âmes vers Dieu, un Pontife qui est la personnification de l'éloquence et de la vertu* (Dernier numéro de la *Semaine religieuse*, 3 mars). Cependant, Albi est une des villes les plus catholiques de la France, qui est le pays le plus catholique du monde.

Albi, le 5 mars 1877.

L. MARTY,
Chanoine honoraire d'Alger.

P. S. — Je me suis montré disposé à faire tout ce que Mgr l'Archevêque exigerait, pourvu que le principe du droit de la défense restât entier. Je n'ai trouvé personne qui ne reconnaisse que M. Puel a eu tort en m'écrivant la lettre qui a été cause de toute cette affaire ; j'ai demandé qu'il la retirât, de quelque manière, m'engageant à retirer, de la même manière, la réponse que je lui ai faite et la *Communication à mes amis*. Mais il paraît qu'en bonne administration, on ne peut jamais avouer qu'un supérieur a eu tort ; que la justice même doit être sacrifiée à cette règle.

Je vais en appeler à Rome. —

Toulouse, Impr. Louis & Jean-Matthieu Douladoure, rue Saint-Rome, 39

182